Ce livre appartient à

À la petite bande : Camille, Pauline, Aude, Hélène et Laure,
et aux Noël ébouripoustouflants qui les attendent encore…

N.D.

Pour l'ébouripoustouflante Nathalie

C.M.

Un Noël ébouripoustouflant !

Nathalie Dargent · Colonel Moutarde

Gautier·Languereau

Tous les ans, quand l'hiver arrivait, chacun s'affairait dans la forêt.
Miss Labiche ressortait son bonnet rouge et ses bottes fourrées.
Monsieur Castor coupait de grosses bûches.
Dame Écureuil préparait ses marrons glacés,
les Renard leur gratin de baies, et Mister Geai, un beau pudding.
Messire Lelièvre cueillait du houx pour fabriquer une couronne.
Frau Hibou ornait ses fenêtres de pochoirs.

1
2
3
4
5
6

Au fond de son manoir,
Lord Lynx tricotait des chaussettes pailletées
à accrocher au rebord de sa cheminée.
Et ses domestiques allaient dénicher leur calendrier de l'Avent
dans le vieux coffre où il était rangé.

La plus occupée était Lady Araignée.
Aidée par ses quintuplés, elle décorait son champignon
de guirlandes argentées.

Lady Araignée possédait un merveilleux talent de décoratrice !
Dommage qu'elle n'en fît pas profiter ses voisins…

Pas plus que Madame Loir ne leur proposait de goûter ses bonshommes en pain d'épice.
Pourtant, à en juger par l'odeur, ils devaient être délicieux.
Vous l'aurez deviné, chacun préparait Noël dans son coin.

Comme disait Monsieur Belette :
« On ne mélange pas les torchons et les serviettes ! »
Ce qui signifiait simplement que sa luge aux patins bien cirés était réservée à ses jumelles.
Et pas question d'inviter leurs copains à monter dessus !

Dans la forêt, on ne se mêlait pas des affaires des voisins.
D'ailleurs, quand Monsieur Sanglier avait désobéi à cette règle et prêté son marteau à Monsieur Blaireau, ce dernier ne le lui avait jamais rendu.
Il l'avait égaré dans son cagibi
après avoir suspendu une boule de gui au plafond.
Alors désormais, même Monsieur Sanglier ne prêtait plus rien.
Noël ou pas, c'était chacun pour soi.

À quelques détails près,
la fête se déroulait pour tous de la même façon.
On mangeait, on chantait, on ouvrait les cadeaux.
Puis on allait se coucher en se félicitant :
« Quel Noël époustouflant ! »

Pourtant, chacun avait du mal à s'endormir et songeait que Noël aurait pu être encore plus époustouflant…
Messire Lelièvre se disait que la soirée aurait été meilleure accompagnée de marrons glacés.

Dame Écureuil rêvait aux bonshommes en pain d'épice de sa voisine Loir.
Laquelle imaginait une jolie couronne sur sa porte.

Monsieur Castor se voyait filant du haut du talus, sur la luge des Belette.

Quant à Lord Lynx, il songeait qu'il aurait bien aimé entendre des cavalcades de jumelles et de quintuplés dans les couloirs de son manoir…
Et ses domestiques auraient tout donné pour s'occuper d'un tas d'invités.

Bref, vous l'aurez compris, chacun jalousait un brin le Noël du voisin.

Sauf Monsieur Sanglier, qui soupirait toujours après son marteau !
Toutefois, quand ils se croisaient les jours suivants,
les habitants de la forêt se saluaient d'un air supérieur.
« Vous, je ne sais pas… mais moi,
j'ai passé un Noël des plus époustouflants ! »
Il en allait ainsi depuis toujours,
et ce n'était pas demain la veille que ça changerait.

Quoique…

Cette année-là, deux jours avant Noël,
une formidable tempête de neige s'abattit sur la forêt.
Et elle bouscula tout sur son passage !

Les guirlandes, le houx, les bougies,
le toit d'un cagibi, le toit d'un champignon aussi…
Et les branches, les brindilles, les fougères. Elle fit tout voler !
Elle jeta aussi en l'air le bonnet de Miss Labiche,
et tout ce qui lui tomba sous la main.

Au milieu de la tourmente,
Monsieur Sanglier vit son marteau
passer devant lui et réussit à l'agripper.

Au matin, quand la tempête fut loin,
on mesura les dégâts.
Mes amis, c'était un désastre !
Terriers, nids, galeries,
cabanes et champignons,
tout était sens dessus dessous,
le haut en bas et le bas n'importe où.
Toute la forêt était emmêlée.

On ne reconnaissait rien, à part le manoir de Lord Lynx.
Mais lui, il était déjà si amoché avant
qu'une toiture de plus ou de moins ne faisait aucune différence.
Les habitants furent catastrophés. Une tempête pareille, juste avant le réveillon…
Cette année, Noël ne serait pas époustouflant.
D'ailleurs, il n'y aurait pas de fête du tout, on avait trop de soucis…
« Où dormiront mes quintuplés ? » s'affola Lady Araignée.
« Et mes jumelles ? » gémit Belette.
« Nous n'avons plus de plafond… Qu'allons-nous devenir ? »
se désola Monsieur Blaireau.
Chacun poussa un énorme soupir.

C'est alors qu'après une hésitation,
Monsieur Sanglier fit un pas vers le pauvre Blaireau :
« J'ai retrouvé mon marteau.
Je vous le prêterai de nouveau pour vos réparations. »
Ce cher Sanglier ! Ça n'était pas grand-chose, mais ça fit chaud au cœur.

Et cela donna à Lord Lynx le courage de se lancer.
Il n'y alla pas par quatre chemins : son manoir tenait encore debout.
Il y invitait tous ceux qui le désiraient,
en attendant que leurs demeures soient rafistolées.
« D'ailleurs, ajouta-t-il, ne pourrait-on fêter Noël quand même, tous ensemble ? »

Alors là, on en resta baba. Après quoi, chacun y alla de sa proposition.

« Oh oui ! cria Frau Hibou. Je peindrai des pochoirs sur vos vitraux ! »

« Je fabriquerai une belle couronne pour votre portail, annonça Lelièvre…
Il doit bien me rester deux ou trois brins de houx. »

Madame Loir se retint de lui sauter au cou et promit, le cœur battant, des bonshommes en pain d'épice.

Et on passa la journée à récupérer ce qui pouvait être sauvé.

Au soir,
tout le monde se retrouva
devant une belle flambée,
dans la salle à manger de Lord Lynx.
Ce fut un Noël ébouriffant…

Les guirlandes étaient effilochées,
les bougies ratatinées,
le gratin émietté,
les marrons écrabouillés,
mais on s'amusa comme des fous.

On chanta, on dansa.
Il y eut de fantastiques cavalcades dans les couloirs,
et même un cache-cache improvisé…
Et à minuit, Monsieur Belette proposa
un tour de luge sous la lune !

Plus tard, lorsque la compagnie fut couchée,
chacun songea que, cette fois, il n'avait plus rien à souhaiter.
Car ce Noël n'avait pas seulement été ébouriffant,
ou époustouflant... Il avait été ébouripoustouflant,
ce qui signifie, comme chacun le sait :
si merveilleux qu'on ne l'oublierait jamais.

Et cette nuit-là, tout le monde dormit sacrément bien,
sauf les domestiques de Lord Lynx.
Pourtant ils avaient rarement été aussi fatigués...
Mais eux, ils ne dormaient jamais !

PAPIER À BASE DE FIBRES CERTIFIÉES

Gautier-Languereau s'engage pour l'environnement en réduisant l'empreinte carbone de ses livres. Celle de cet exemplaire est de :
550g éq. CO_2
Rendez-vous sur www.gautier-languereau-durable.fr

Directeur : Sarah Kœgler-Jacquet.
Direction éditoriale : Brigitte Leblanc.
Édition : Nathalie Marcus, assistée de Nicolas Belot.
Conception graphique : Solène Lavand, assistée de Eddy Pierrel.
Fabrication : Virginie Vassart-Cugini.
Lecture-correction : Myriam Blanc.

ISBN : 978-2-01-394276-8.
Dépôt légal octobre 2013 – édition 01.
Achevé d'imprimer en octobre 2013.
Loi n°49-956 du 16 juillet 1949 sur les publications destinées à la jeunesse.
Imprimé par Canale Bucarest en Roumanie